Alicia Borinsky

LA MUJER DE MI MARIDO

MY HUSBAND'S WOMAN

*Translated by Natasha Hakimi Zapata
with the author*

Work published within the framework of "Sur" Translation Support Program of the Ministry of Foreign Affairs and Worship of the Argentine Republic"

Obra editada en el marco del Programa "Sur" de Apoyo a las Traducciones del Ministerio de Relaciones Exteriores y Culto de la República Argentina.

Ilustración de portada: Valeria Medina
Diseño editorial: DM

Primera edición en español: Corregidor, Buenos Aires, 2000
Primera edición bilingüe: 2016
Todos los derechos reservados
© 2016 Alicia Borinsky
© 2016 Literal Publishing
    Crestón 343
    México, D.F., 01900
    www.literalmagazine.com

ISBN: 978-1-942307-17-4

Impreso y hecho en México / *Printed and made in Mexico*

Para Jeffrey *que sabe*

To Jeffrey *who knows*

Nuestros agradecimientos a Rosanna Warren por su apoyo y estímulo, al programa "Sur" de traducciones y a Adel Fauzetdinova por su ayuda en la edición de este volumen.

Obra editada en el marco del programa "Sur" de apoyo a las traducciones del Ministerio de Relaciones Exteriores y Culto de la República Argentina.

We thank Rosanna warren for her support and encouragement, the "Sur" translation program, and Adel Fauzetdinova for her help in editing this volume.

Work published within the framework of "Sur" Translation Support Program of the Ministry of Foreign Affairs and Worship of the Argentine Republic.

Content / Índice

Introducción

"Escribir es traducir",[1] dice Alicia Borinsky mientras miramos atentamente mis traducciones de su libro *La mujer de mi marido* en un café en Buenos Aires. Escucho el eco de Paul Valéry en el fondo: "Escribir cualquier cosa... es un trabajo de traducción exactamente comparable con la transmutación de un texto de un idioma a otro".[2] Alicia y yo alternamos entre español e inglés. Nos entendemos. Devenimos nosotras mismas en este limbo de idiomas que ambas hemos aprendido a navegar desde niñas. Jugamos con palabras, dibujamos con letras, llevamos de un idioma a otro los juguetes que nos han acompañado durante nuestro desarrollo como mujeres y como escritoras.

Con notas de tango, de blues y de la vanguardia latinoamericana, los poemas de Alicia requieren que recuerde mi educación musical y me apreste a dibujar imágenes de mujeres de todos los ámbitos de la vida. Bailo al son de voces de madre, novia, seductora, niña, gemela siamesa, estrella del pop, esposa y amante que definen una misma experiencia: ser mujer. Cada poema llama la atención a la pluralidad de la identidad femenina hoy que somos aún marginadas de opciones decisivas para el funcionamiento de la sociedad y acaso por eso nos inclinamos a crear espacios en donde nos podemos inventar y reinventar

---

[1] "Entrevista con Alicia Borinsky." Entrevista personal. 20 Mar. 2012.
[2] Valéry, Paul. "Variations on the Eclogues." Trans. Denise Folliot. *Theories of Translation*. Chicago: University of Chicago, 1992. p. 116. Print.

Introduction

"Escribir es traducir,"[1] says Alicia Borinsky as we pore over my translations of her book *La mujer de mi marido* in a Buenos Aires cafe. I hear Paul Valéry's echo in the background, "Writing anything at all...is a work of translation exactly comparable to that of transmuting a text from one language into another."[2] Alicia and I alternate between Spanish and English, understand each other and ourselves in this limbo of languages we've each learned to navigate since our childhoods. We play with words, draw with letters, carry from one language to another the toys that shaped our growth as women, as writers.

Steeped in tango, blues, and the Latin American *vanguardistas*, Alicia's poems demand I brush up on my musical footwork, and prepare my hands to sketch images of women from all walks of life. At once I find myself dancing between the voices of wife, girlfriend, temptress, child, Siamese twin, pop star, mother, lover, and mistress that all speak to the same experience—that of being a woman. Each poem calls attention again and again to the plurality of female identities during a time in which women are marginalized from society's fundamental decisions and forced to create imaginary spaces in which they can constantly invent and reinvent themselves. As

[1] "Interview with Alicia Borinsky." Personal interview. 20 Mar. 2012.
[2] Valéry, Paul. "Variations on the Eclogues." Trans. Denise Folliot. *Theories of Translation*. Chicago: University of Chicago, 1992. p. 116. Print.

constantemente. Mientras ando por el camino que Alicia me ha dejado,[3] cuidadosamente recorriendo de puntillas sus "dibujos ilustrados por texto",[4] como ella los llama, estoy sumamente consciente de que estamos reinventando nuestros papeles como poetas y traductoras, y claro, como mujeres.

Según Valéry, usamos varios idiomas ("Uno para el amor, uno para la ira, uno para mandar, y otro para rezar")[5] y tal vez nadie trabaja en tantos idiomas como la mujer mientras se viste y desviste de momento a momento, día a día, para realizar los roles que se le han otorgado, ya sea por ella misma o por la sociedad. Es con sensibilidad a las formas y palabras[6] de los poemas originales que he traducido las muchas mujeres e idiomas de *La mujer de mi marido*. El estilo tipográfico distintivo de Alicia, el cual imita el uso de palabras de los grandes medios de comunicación, pone énfasis en la condición física de la poesía a través de encabalgamiento y uso escaso de mayúsculas y puntuación mientras su poesía se dispersa a través de las páginas para crear imágenes que nos recuerdan que los poemas son objetos compuestos de tinta y papel. He intentado mantener los elementos tipográficos y arquitectónicos del original, reacomodando versos solamente cuando la sintaxis en inglés podría haber sufrido, para crear réplicas físicas de los poemas originales. Así me mantuve fiel a la forma física al mismo tiempo que intenté recrear los sonidos y el sentido[7] que le dan forma a la poesía.

[3] Valéry, p. 116.
[4] "Entrevista con Alicia Borinsky."
[5] Valéry, p. 117.
[6] Valéry, p. 120.
[7] Valéry, p. 116.

I "walk in the tracks"[3] she has left for me, carefully retracing on tiptoe her "drawings illustrated with text,"[4] as she calls them, I am acutely aware that we are reinventing our roles as poets and translators, and of course, as women.

According to Valéry, we use a number of languages ("One for love, one for anger, one for command, and one for prayer"[5]) and perhaps no one trades in as many languages as a woman does as she dresses and undresses minute to minute, day to day, to play the roles she and others have composed for her. It is with sensitivity to "forms and words"[6] that I have translated the many women and many languages in *La mujer de mi marido*. Alicia's distinct typographic style, imitative of mainstream media's use of language, emphasizes the physical condition of poetry through enjambment and rare use of capitalizations and punctuation as her poetry sprawls across pages to create images that call attention to poems as objects composed of ink and paper. I have maintained, as closely as possible, the typographical and architectural elements of the original, rearranging lines only when English syntax would be sacrificed, in order to create physical replicas of the originals. I have thus remained faithful to physical form while attempting to recreate the interplay of "sound and sense"[7] that shapes poetry.

Keeping in mind Jackson Matthews' decree that "the translator has to invent formal effects in his own lan-

[3] Valéry, p. 116.
[4] "Interview with Alicia Borinsky."
[5] Valéry, p. 117.
[6] Valéry, p. 120.
[7] Valéry, p. 116.

Manteniendo en mente la opinión de Jackson Matthews, quien dice que "el traductor debe inventar efectos formales en su propio idioma que crean la misma sensación que aquellos producidos por el original en su idioma",[8] he afinado mi oído a las calidades musicales que el español crea con repetición fonética de vocales y consonantes y he decidido replicar estos sonidos con aliteración, asegurandome que el significado de los versos no cambie. Al fin y al cabo, como explica Matthews, "la prueba definitiva de un poema traducido debe ser ¿habla?, ¿canta? A pesar de las restricciones bajo las cuales trabaja, a pesar de su sentido de fidelidad hacia otro poema, el traductor está atado a sondear por el mismo".[9] De acuerdo a la definición de la traducción que aporta Valéry que involucra "reconstruir en la medida de lo posible el efecto de cierta causa por medio de otra causa",[10] he intentado capturar la actitud urbana argentina expresada por muchas de las voces en estos poemas utilizando coloquialismos en inglés. Además, he encontrado equivalentes domésticos para expresiones de cariño como lo son "baby" para "nena"; me he decidido a usar también palabras de lunfardo como "cus" y "wanna" para expresar la familiaridad falsa y la informalidad que muchas de las voces expresan con el voseo argentino; y he encontrado equivalentes en español para palabras en inglés que se usan de manera pretenciosa en el original, como "plaza" para "shopping mall."

Tal y como Valéry intentó volver al estado naciente de la poesía de Virgilio, yo quería sentir, en medida de lo posible, lo que Valéry describe como "una orquesta cu-

---

[8] Matthews, Jackson. "On Translating Poetry." *On Translation*. p. 67.
[9] Matthews, p. 68.
[10] Matthews, p. 75.

guage that give a sense of those produced by the original in its own,"[8] I have tuned my ear to the musical qualities Spanish orchestrates with phonetic repetition of vowels and consonants, and have opted to recreate these sounds through alliteration while making sure not to sacrifice meaning. After all, as Matthews explains, "the final test of a translated poem must be *does it speak, does it sing?* In spite of the restrictions under which he works, in spite of his sense of fidelity to another poem, a translator is bound to sound out for himself."[9] In accordance with Valéry's definition of translation as "to reconstitute as nearly as possible the effect of a certain cause by means of another cause,"[10] I have tried to capture the gritty, urban Argentine attitude voiced by many of the speakers in these poems by employing English colloquialisms. Moreover, I've found domestic equivalents for terms of endearment such as "baby" for "nena"; I've opted for slang terms such as "'cus" and "wanna" to convey the false familiarity and casual voice many of the speakers express with the Argentine voseo; and have found Spanish equivalents for English words used pretentiously in the original Spanish such as "plaza" for "shopping mall."

Just as Valéry attempted to return to the nascent state of Virgil's poetry, I wanted to experience as best I could what Valéry describes as "an orchestra whose instruments begin to waken, calling to each other, seeking harmony before beginning their concert."[11] I spoke to Alicia about her practice and read about her experience

[8] Matthews, Jackson. "On Translating Poetry." *On Translation.* p. 67.
[9] Matthews, p. 68.
[10] Matthews, p. 75.
[11] Matthews, p. 75.

yos instrumentos empiezan a despertar, llamando el uno al otro en busca de armonía antes de comenzar el concierto".[11] Hablé con Alicia sobre su trabajo y leí sobre su experiencia con el lenguaje en su libro *One Way Tickets*. En la introducción Alicia explica que, como nieta de exiliados polacos y rusos, ella aprendió a temprana edad que "no hay nada como los idiomas para salvarte la vida, abrir tu mente, ayudarte a escapar de la persecución".[12] Cuando ella también fue exiliada de Argentina en 1967, el lenguaje se convirtió en su manera de sobrevivir mientra se mudó de Argentina a Francia y, después, a los Estados Unidos mientras estudiaba, hablaba y escribía en varios idiomas. Es esta multiplicidad de idiomas e identidades que informan su poesía —cada poema demuestra que nada es lo que parece en su superficie, que el lenguaje está infundido con sentido, así como las mujeres, así como la vida misma. Y la vida de Alicia como exiliada y como poeta que ahora divide su tiempo entre Estados Unidos y Argentina, escribiendo en español e inglés, se puede describir como una vida a contrapunto, un término musical que Edward Said toma prestado para describir el exilio;[13] al final y al cabo, como la poeta dice a menudo, su "idioma materno es la traducción".[14] Como la hija de exiliados (mi padre escapó de la persecución religiosa y la revolución iraní; mi madre huyó de la pobreza extrema en México), he logrado entender de manera íntima la poesía

[11] Matthews, p. 75.

[12] Borinsky, Alicia. *One Way Tickets: Writers and the Culture of Exile*. San Antonio, TX: Trinity UP, 2011. p. 5.

[13] Said, Edward. "Reflections on Exile." *Reflections on Exile and Other Essays*. Cambridge, MA: Harvard University Press, 2002. p. 149.

[14] "Interview with Alicia Borinsky."

with language in her book about exiles, *One Way Tickets*. In the introduction Alicia explains how, as the grandchild of Polish and Russian exiles, she quickly learned that "there's nothing like languages to save your life, open your mind, speed you away from persecution."[12] When she too became an exile from Argentina in 1967, language became her method of survival as she moved from Argentina to France to the U.S. studying, speaking, and writing in several languages. It is this multiplicity of language and identity that informs her poetry—each poem proves time and again that nothing is what it seems on the surface, that language is layered with meaning, as are women and as is life. And Alicia's life as an exile and as a poet who now divides her time between the U.S. and Argentina, writing in both Spanish and English, can best be described as contrapuntal, a musical term "borrowed" by Edward Said to describe exile[13]; after all, as the poet often says, her "native language is translation."[14] A daughter of exiles myself (my father ran from religious persecution and the Iranian Revolution; my mother escaped extreme poverty in Mexico), I have been able to intimately relate to Alicia's poetry much like city-dwelling Valéry found himself sympathizing with Virgil's pastoral life.

Translating Alicia's poetry has been a full experience, to say the least—from dancing to singing to drawing, her poems have kept me constantly on my feet. With Alicia's guidance, I have attempted to orchestrate poetry in

[12] Borinsky, Alicia. *One Way Tickets: Writers and the Culture of Exile*. San Antonio, TX: Trinity UP, 2011. p. 5.
[13] Said, Edward. "Reflections on Exile." *Reflections on Exile and Other Essays*. Cambridge, MA: Harvard University Press, 2002. p. 149.
[14] "Interview with Alicia Borinsky."

de Alicia, así como Valéry, un hombre de ciudad, pudo empatizar con la vida pastoral de Virgilio.

Traducir la poesía de Alicia ha sido una experiencia completa —de bailar a cantar y dibujar—, sus poemas me han mantenido siempre de pie. Con Alicia como mi guía, he intentado orquestar una poesía en inglés que crea los mismos efectos que su poesía escrita en español y, sinceramente, espero que mis traducciones no sólo hablen y canten, sino que también pinten y bailen como lo hacen los poemas de Alicia.

English that creates the effect of her exhilarating Spanish poems and I sincerely hope my translations not only speak or sing, but also paint and dance the way Alicia's poems do.

LA MUJER DE MI MARIDO

MY HUSBAND'S WOMAN

es cuestión de inspirarse
todos lo sabemos

en este sueño ha atravesado un desierto colorado
el erizo la mira fijamente pero ella aunque no puedas
                        [creerlo se cruza de brazos porque
sabe que su cabellera atraerá al príncipe
estos y otros peligros sorteará
antes de desvanecerse por nuestros hechizos
antes de pedirme perdón
hijadeputa   tracionera   musa de mala muerte

it's a matter of inspiration
we all know it

in this dream she's crossed a red hot desert
the urchin stares at her but believe me she still
                              [crosses her arms because
she knows her tresses will attract the Prince
she'll risk these and other dangers
before our spells make her faint
before she tells me she's so sorry
bitch   cheat   third-rate muse

una más una es una

la mujer de mi marido es perfecta
él la adora cada minuto del día y la noche
es infatigable   buena cocinera   madre ejemplar
amante misteriosa y perfumada
la mujer de mi marido me da cita por la tarde
nos vemos a escondidas   nos imitamos
y con el apuro de la despedida a veces
            una se queda
                    antes de que se vaya la otra

one plus one is one

my husband's woman is perfect
he adores her every minute day and night
tireless   great cook   exemplary mother
fragrant and mysterious lover
my husband's woman meets with me every afternoon
we sneak around mimic each other
and with the rush of goodbyes sometimes
        one stays
                before the other leaves

sacúdanse el polvo
¡piensen en el futuro!

sentada en un diván de terciopelo gastado
la cantante de moda habla en solfa

creo que por eso siente una picazón en la pierna

no le prestemos un paraguas cuando arrecie la lluvia
NO LE DEMOS UNA MANO
hay que prepararse para la estrella que emerge
ya llega montada en un caballo fucsia
                              flor en el ojal
          orejas emplumadas   majestuosas

brush off the dust
think about tomorrow!

sitting on a worn-out velvet couch
the latest pop star speaks in do-re-mi's

I think that's why her leg's itchy

don't lend her an umbrella when the rain starts to pour
DON'T LEND HER A HAND
we must ready ourselves for the emerging star
she's almost here on her fuchsia horse
                                    flower in her lapel
            majestic feathers   deaf ears

préstamos y dádivas

me preocupa que el señor del sexto piso
no me haya devuelto la sonrisa

debo prestarle más atención
acaso lustrarle los zapatos
esconder partes de guerra
       dar una amnistía general   disminuir la deuda pública
sonarle la nariz a su novia que siempre está resfriada
    seguir escribiendo cartas al presidente para que lo
                                                condecoren
poner mi nombre en la lista de sus allegados cercanos

loans and handouts

it worries me that the gentleman on the sixth floor
didn't smile back

I must pay more attention
shine his shoes perhaps
conceal wartime news
extend a general amnesty   decrease the public debt
blow his girlfriend's incessantly runny nose
    keep sending the president requests he be decorated
                                      for heroism
place my name on the list of his closest acquaintances

tesoro ¿adónde te me vas?

en méxico hay un hombre de perfil afilado
uñas largas y grises
cuando lo conocí le escribía una carta al marido de su novia

ahora viven juntos en un cuarto alquilado
comparten tarjetas postales
fotografías y trofeos que ella les envía
desde las estaciones de sus triunfos

honey, where are you off to?

in mexico there's a man with a sharp profile
long grey nails
when I met him he was writing a letter to his girlfriend's
[husband

now they live together in a rented room
share postcards
photos and trophies she sends
from the stations of her success

anillo de compromiso

para Agustín Lara

siempre se querrán porque la luna brilla sólo para ellos
siempre se querrán
      estatuas de azúcar erectas en el medio de la torta
      bañistas de postal
      campeones de patinaje sobre hielo
decorativo
      tímido
           mi amor te reclama
                  te invita
     te ofrece un disfraz espléndido y melancólico

engagement ring

for Agustín Lara

they'll always be in love because the moon shines only
                                        [for them
they'll always be in love
          sugar statues standing in the middle of the cake
          postcard swimmers
          figure skating champs
decorative
          shy
                    my love claims you
                              invites you
          offers you a splendid melancholy disguise

¿y vos de dónde saliste?

homenaje a María Félix

más que nada es el dibujo de tu cara
cejas arqueadas para el asombro
labios desdeñosos
ojos abiertos por la cirugía

todas esas horas para nosotros
despeinados admiradores de tus inventos

toda esa ropa para nosotras
arrugadas oficinistas que suspiramos por tus encantos
sirena náufraga
            estrella de un planeta equivocado
            diva sin libreto en un escenario desierto

and you, where'd you come from?

homage to María Félix

mostly it's the sketch of your face
eyebrows arched in astonishment
disdainful lips
surgically opened eyes

all those hours spent on us
shabby admirers of your designs

all those clothes for us
wrinkled office workers sighing at your charms
shipwrecked siren
                    star above the wrong planet
                    script-less diva on a barren set

manual de piropos

catcall handbook

piropo con contrato

preciosa:
me duelen tus desplantes
me revienta tu actitud de reina

el jueves que viene a las ocho de la mañana
te ofrezco café   medialunas   y la verdad acerca de tus
piernas

nena:
          atrévete
mi insomnio por tu escándalo

catcall by contract

gorgeous:
your disdains wound me
your princess attitude pisses me off

next thursday at eight a.m. on the dot
I'll offer you coffee   croissants   and the truth about
your legs

baby:
       I dare you
my insomnia for your scandal

bigotudas

viniste demasiado tarde
      amada
            virgen cuarentona y melancólica
ahora contamos oportunidades perdidas
acalorados ciegos a tientas
escribimos cartas indignadas a bañistas desnudos
pedimos exigimos:
reformen estas costumbres
volvamos
      a nuestros castos atardeceres
el zaguán
      un árbol frondoso en la esquina de tu casa
el miedo de mirarnos a los ojos y tu aliento ah tu aliento
                  [incomparable
pastillita de menta reina de mi noche esclava de mis
                  [caprichos

whiskered women

you came far too late
            my love
                        forty-year-old melancholy virgin
so let's log our missed opportunities
blind steamy gropes in the dark
write indignant letters to naked swimmers
ask demand:
break these habits
let's return
            to our chaste afternoons
the couch
            that leafy tree around the corner of your house
the fear of looking each other in the eye and your breath
                        [oh your incomparable breath
little breath mint queen of my night slave to all my
                                    [whims

adiós tesoro   sos tan dulce
que te comería

me enamoré de vos porque tenía ganas de un bombón
me enamoré de vos
          por tu boca y tu pelo y sobre todo tus efluvios
azúcar elixir
          guinda insolente encaramada en una montaña
                              de chocolate
lástima que tenga que ponerme a dieta

no me saludes   ni me llames   ni me escribas
empalagosa   amante mía   frutita pringosa de mis pecados

**bye bye baby   you're so sweet
I'd eat you up**

fell in love with you 'cus I had a craving for candy
fell in love with you
                        your mouth   your hair   your fluids
sugar elixir
        insolent little cherry perched on a mountain
                                    of chocolate
shame I've gotta go on a diet

don't wave   call   write
my cloying little lover   sticky fruit of all my sins

coqueterías

sabía que esta carta te encontraría de pie ante el espejo
encarnizadamente dedicada a embaucarme con tus afeites
pero no te preocupes:
ya no nos veremos
hoy he embalado nuestros perfumes
pronto te llegará mi regalo
un libro de quejas encuadernado con el cuero de tu
                                    [perrito faldero
así son las cosas
            tierno amorcito de mis caminatas nocturnas
fiel destinataria de todos los cosméticos del universo

flirtations

I knew this letter would find you standing in front of
                                    [the mirror
fiercely devoted to confusing me with your makeovers
but don't you worry:
we won't be seeing each other again
today I packed our perfumes
soon you'll receive my present
a book of complaints bound in your lapdog's hide
this is how things stand
            tender sweetie of my midnight strolls
loyal recipient of every cosmetic in the universe

cuidado, que son preguntas importantes

¿y para qué me mirabas de esa manera?
¿que querías cuando me pediste mi número de teléfono?
¿habrá sido para que te espere de día y de tarde?

¿pensaste también en mis noches?
¿no sabías que   sería inútil?
mi elenco está completo

lo nuestro es una ronda que cantamos de memoria

careful, these are important questions

and why were you looking at me like that?
what did you want when you asked for my number?
make me wait for you dusk till dawn?

did you consider my nights at all?
didn't you know   it'd be futile?
my cast is complete

our love is a round we sing by heart

¿querés conocer a mi familia?

te voy a sacar la ropa
te voy a lamer   toda

seré el intoxicado de tu cuerpo
pisáme
reventáme a latigazos
dame tus enfermedades
la gloria de una gripe

tiene que ser una tarde temprano
            mientras mi tía nos mira
y prepara empanadas para la fiesta de fin de año

wanna meet my family?

gonna rip your clothes off
gonna lick you   all over

drink you up
step on me
whip me till I burst
give me your diseases
the splendor of a sneeze

I'll pencil you in for mid-afternoon
        so my aunt can chaperone
while she bakes empanadas for New Year's Eve

me gustaría verlas de perfil

dos vestidos y un solo corazón
las siamesas van al shopping mall
y regresan
       monja enlutada a la izquierda
       vampiresa carmesí a la derecha
querido mío:
          NO TE PREOCUPES
          SON TÍMIDAS
¿no ves que no te hablan?
¿no ves que ni a beber te convidan?

I'd like to see them from the side

two dresses and only one heart
the siamese twins go to the plaza
and return
         mournful nun to the left
         crimson vamp to the right
my dear:
         DON'T WORRY
         THEY'RE SHY
can't you see they don't speak to you?
can't you see they refuse to offer you a drink?

¿te cuento cómo se conocieron?

me parece que está demasiado gorda para hacer el amor
                    [conmigo dijo el comensal flaco
mirándola extasiado mientras ella pensaba quién es este
                    escarbadientes quién es este
caballerito oscuro de otra época esta mosca que viene a
                    posarse sobre mi codo
quién pero no cuándo ni tampoco cómo

        cocinarán juntos una sopa magnífica
        cinco de sus hijos ya cantan en el coro de la escuela

shall I tell you how they met?

she seems too fat for love-making
        [said the skinny guest
eyeing her in ecstasy while she wondered who is this
                        toothpick who is this
dark little speck from another era this fly that's
                  landed on my elbow
who but not how or when

     together they'll concoct a magnificent soup
     five of their kids already sing in the school choir

Patrona: usted necesita
quien la consuele

nena:
te sigo para que me traiciones con mi mejor amigo
son tus pasos
              es la cadencia de tu caminar querida que me
                                        [desinfla el alma
te sigo para que me tortures
              me apodes
                        me disminuyas y toquetees
te sigo nena para que me pienses de noche
              y al cepillarte los dientes por la mañana
te sigo para tentarte con tus poderes
para que aflore tu maldad de sirvienta
tu alegría de patrona
dictadora ajada flagelante y sorprendida
en el instante mismo del mayor desencanto

Lady: You need someone to console you

baby:
I'm chasing you so you can cheat on me with my best
friend
it's the way you walk
       the cadence of your strut dear that deflates
                                     [my soul
I'm chasing you so you'll torture me
              give me nicknames
                         reduce me and feel me up
I'm chasing you baby so you'll think of me at night
        and when you brush your teeth every morning
I'm chasing you to tempt you with your own powers
to draw out your cheap cruelty
your elegant glee
flagellant wrinkled astonished dictator
at the exact moment of your greatest disappointment

¿dónde se compra la ropa?

no estás vestida
esta ropa es un guante
una provocación   una tortura   una promesa
por favor
        no te desvistas nunca
                ninfa de mis fantasías
feroz reina de la boutique de mis sueños

where'd you get your clothes?

you're not dressed
that outfit's a glove
taunt   torture   promise
please
      don't ever undress
                  my wet dream nymph
fierce queen of my sex boutique

el espectáculo empieza
cuando usted llega

contestáme cuando te pregunto   querés ir al cine conmigo
                    CONTESTÁME
porque te adelanto que voy a pagarte la entrada
desde hace años ahorro para verte sentada en una butaca
                                        [a mi lado
querida: sueño con nosotros en todas las funciones
no hay final feliz sin besarte
    te lo pido   imploro y exijo en nombre de una película
extraordinaria   en nombre de las golosinas que
                        [comeremos juntos POR FAVOR
apuráte que aún a este lugar se puede llegar demasiado tarde

the show starts
when you get in

answer me when I ask   wanna go to the movies
                 ANSWER ME
just so you know I'm paying for your ticket
I've been saving up for years to see you sitting next
                                   [to me
darling: I dream about us at every single show
there's no happy ending without your kiss
        I ask   plead   demand in the name of an
extraordinary
movie   in the name of the candy we'll share PLEASE
but hurry up 'cus even here you can show up too late

si supieras lo que te estás perdiendo

vení si querés
y si no querés jodéte

total que a mí qué me importa
no soy yo quien se quedará sin mí

if you only knew what you're missing

come if you want
if you don't go fuck yourself

besides what do I care
I'm not the one who'll end up without me

canto del desconocido

rendido a tus pies
para sacarnos una foto que guardarás en secreto hasta el
                                    [día en que tu hija
escandalizada la rompa pisotee y escupa

rendido a tus pies
te regalo cadenas   plumas   salvoconductos

rendido a tus pies
para que me pulas los colmillos y se te haga agua la boca
                            CHANCHA
ya no me busques
            dejáme tranquilo

stranger's song

at your feet
to snap that photo you'll keep secret till the day your
                                                    [daughter
shocked tears it to pieces and spits

at your feet
I'll give you chains   feathers   passports

at your feet
I'll let you shine my fangs while your mouth waters
                                    PIG
don't chase after me
                    leave me alone

desenfreno

esta mujer lleva los frenos puestos
se compra la ropa en negocios especiales con salas de baño
                    [sin espejos y un teléfono
público desde donde puede llamar a cualquier hora a sus
                    [hijos

esta mujer está permanentemente sintonizada
emite un programa de recetas de cocina
            suspiros domésticamente orgásmicos
            consejos escolares
        guías de ocupaciones para la tercera edad
enseña piano   corte y confección   química en un colegio
secundario   es oficinista   ama de casa   empleada de
aduanas   ayudante de un abogado inescrupuloso que la
explota desde hace veinte años   enfermera en varios
hospitales psiquiátricos   clienta de establecimientos
                    [donde se
venden zapatos con plantilla trajes forrados   fajas
                    [combinaciones
estoy nerviosa porque la he invitado a nuestra fiesta
ADORADA AUTÓMATA: TE ESPERO CON LOS BRAZOS
                    [ABIERTOS
no tardes que el viento   ya me cala los huesos

wild abandon

this lady has her breaks on
she gets her clothes at specialty stores with no mirrors in
[the lobby
makes sure there's a phone at all times to call her
[children

this lady is permanently on
she broadcasts a cooking show
        wholesome methodical sighs
        school tips
        activity manuals for the elderly
teaches piano   sewing   high school chemistry
she's an office clerk   housewife   customs agent
assistant to a sleazy lawyer that has mercilessly exploited
her for twenty years   nurse at several psychiatric
hospitals   patron at establishments where they sell
shoes with gel soles
silk-lined suits   girdles   slips
I'm nervous 'cus I invited her to our party
DEAR ROBOT: I'M WAITING FOR YOU WITH OPEN ARMS
don't take too long   the wind is already beginning
[to chill my boness

a una mujer que pasa apurada

es tu perfume y también el pelo agitado por el viento
es el ritmo de tus pasos

lo sé de memoria:

      en un lugar con ropa tendida y pan fresco
      alguien aguarda
      ha dejado la carta sobre la mesa del comedor
ansioso
      risa contenida
            te mirará por la cerradura antes de irse sin
                       dejar ninguna pista
y yo mojado por la lluvia
      te espero
            te busco pero no ya no me vas a encontrar

to a woman rushing past

your perfume   the way your hair blows in the wind
the rhythm of your steps

I know it all by heart:

        here there's fresh bread and clothes drying
        someone waits
        leaves a letter on the dining room table
anxious
        chuckles
        watches you through the keyhole before vanishing
                                                without a trace
drenched in rain
        I'm expecting you
                looking for you though you'll never find me

piropo del tímido

ay que me muero si no me das la hora
       ay que de sólo verte mi vida cambia se me curan los
                 [callos y me crece una flor en
el corazón
       tanto y tanto me darías si te lo pidiera

shy man's catcall

I'll die if you don't give me the time of day
            just one look at you softens my calluses
                        [makes a flower blossom in
my heart
you'd give me your all if only I'd ask

amor brujo

es la pluma que llevas en el ombligo
son las uñas pintadas de un carmesí demasiado intenso
y seguramente el aliento a cebolla cuando me jadeas en
[la oreja
DEMASIADO CERCA   QUERIDA ESTÁS DEMASIADO   CERCA
mi pasión quiere verte desde lejos
esta calentura amor mío pide que te vayas
        espero con ansiedad una tarjeta postal
tu retrato en el barco
        el preservativo dulcemente doblado en un pañuelo
                que huele a alcanfor
BRUJÍSIMA

bewitching love

it's the feather you wear on your bellybutton
those crimson nails a shade too strong
and probably your onion breath panting in my ear
TOO CLOSE   DEAR YOU'RE FAR TOO   CLOSE
my passion longs to watch you from afar
darling my horniness is begging you to leave
        I can't wait to get a postcard
your picture on a boat
            a condom gently folded in a handkerchief
                            that smells of garlic

WITCH

mejor perderlos que encontrarlos

si fuera soltero te seguiría hasta el fin del mundo si fuera
hombre te haría un altar si tuviera manos te acariciaría día y
noche si tuviera billetes los pondría a tus pies si estuviera
enfermo te contagiaría todos los síntomas

better to lose them than find them

if I were single I'd follow you to the end of the world if I were
a man I'd build you an altar if I had hands I'd caress you day
and night if I had dollars I'd lay them at your feet if I were
sick I'd give you all my symptoms

Mujeres peligrosas

Dangerous Women

un día de estos alguien
le va a pegar un tiro

al lado de mi casa vive una niña pensativa que me mira por
      la ventana
está tan triste que me da miedo
¿por qué no la ponen a mirar televisión?
¿por qué no la sacan a dar una vuelta?

one of these days someone's bound to shoot her

next door lives a pensive girl who peers at me through
     her window
she's so sad it scares me
why don't they make her watch tv?
why don't they take her for a walk?

loba al día

gorda y fantasiosa
es mi mejor amiga
yo la quiero más que a vos
más que a la otra

fantasiosa y procraz
tiene las uñas sucias
un aire de especialista
          en sabores agrios
(cocina unos ñoquis que se deshacen en la boca
                    [para despreciarte mejor)

she-wolf by day

fat and dreamy
that's my best friend
I love her more than I love you
more than I've ever loved anyone

phony and obscene
she has dirty nails
and the air of an expert
            in bitter   flavors
(she makes gnocchi so soft they melt in my mouth
                [the better to hate you with my dear)

Vivimos en nubes de algodón

Para E.R. que voló hacia abajo

te muestro los eslabones perdidos   te admiro cuando
              [encandilado   te lanzas hacia el precipicio
                    NUBES DE ALGODÓN
untamos pan con manteca   decorosamente cuidamos
                                        [la línea
nos cepillamos los dientes   si alguien hiciera un chiste se
desmoronarían todas la habitaciones   habría un revuelo de
números telefónicos   un aleteo de cosas a medio hacer   por
eso hoy te guiño un ojo para que finalmente lo sepas   te veo
y te vi
    paracaidista
              secretario de mis pesadillas   incesante
                            [espectáculo   día y noche volando
murciélago   gorrión   flecha inmóvil pero inminente

We live on cotton clouds

For E.R. who flew downwards

I show you the missing links   admire you when blinded
                    by light   you leap into the abyss
                COTTON CLOUDS
we butter our bread   carefully watch our figures
brush our teeth   if someone made a joke our shelters
would crumble   there'd be a flurry of
phone numbers   a flutter of unfinished tasks
that's why I wink at you now so you'll
finally realize that I see you and saw you
  skydiver
                nightmare keeper   endless spectacle   flying
                                night and day
bat   swallow   immobile yet imminent   arrow

cuando se escape ¿volará para arriba o para abajo?

ay no me frunzas los ojitos
estoy envenenada de tus besos robados
ya no me preocupan las estaciones de tu calvario

de ningún modo aceptaré la cita que me diste   estoy
ocupadísima dando una clase de baile junto al cuartel de
bomberos   juntos incendiaremos las tablas   y qué me
importa que no pueda dormir la siesta con este taconeo
qué me importa que se te corte el apetito y ni siquiera
puedas llevarle un pan dulce a tu madre esta temporada
justo cuando empieza a acuciar el calor y hasta los pajaritos
se olvidan de sus nidos

when he escapes will he fly up or down?

oh don't you squint at me like that
I've been poisoned by your stolen kisses can't care
anymore about the stations of your martyrdom

under no circumstance will I agree to date you
I'm tied up teaching a dance class next to the fire
station together the firemen and I will ignite the floor–
boards what do I care you that can't take your nap while
our heels stomp what do I care if you lose your appetite
and can't even bring your mom a pastry just as
the heat wave approaches and even the birdies
are abandoning their nests

ida y vuelta

esta vez ha venido de noche abrigada por mis caricias
                    cuerpo aún caliente del último recuerdo
esta vez empecinada me ha traído un pan dorado
lo comeré sola
            desde hace días desconfío del amor
            me cago en sus sonrisas
(creo que no lo sabe y por eso le da cuerda a las canciones
celebra mi cumpleaños pasa por el abismo como quien no
                                    [quiere la cosa)

round trip

this time she's come by night still warm from my caresses
                     body still sweating from our last tryst
this time she's stubborn   she's brought me fresh bread
I'll eat it alone
          it's been days since I've started doubting love
          since I don't give a shit about her smiles
(I don't think she knows she plays our songs over and over
celebrates my birthday strolls by the abyss without a care
                       [in the world)

me da celos y quiero vengarme

no te quiero porque me traes noticias de la noche
no te quiero porque nunca te bañaste a la luz de la luna con
un galán hirsuto mientras su novia celosa de las miradas que
te echaba pero invencible virginal desencajada y niña
planeaba un suicidio entre lilas y helechos en un hondísimo
lago verde

      suspira suspira mujerona de sus deseos
¿te enterarás alguna vez de sus traiciones?
¿me pedirás consejo?
¿saldremos a pasear de la mano en taxi o en carroza?

I get jealous and seek revenge

I don't love you because you bring me news of night
I don't love you because you've never bathed in moonlight
with a hirsute heartthrob while his girlfriend jealous
of the glances I give you but invincible virginal misplaced
and girlie plans her suicide amongst lilies and ferns
in a deep green lake

      breathe breathe woman of his dreams
will you ever discover his betrayals?
will you ask me for advice?
will we hold hands and take a stroll in a taxi or
                             [horse-drawn carriage?

juega conmigo cuando no nos ven las otras

le tendría bronca porque usa sombrero
sin querer he organizado a todas las vecinas
y cuando ella pasa con un aire de almohadas
y camisones de nylon siente este rencor
  pero no se conmueve
        no se jode
porque me tiene a mí
        su paño de lágrimas
su compañera de todo momento

play with me when
the rest can't see

I have it in for her because she wears a hat
without meaning to I've rounded up the neighbors
so when she walks by with her sultry air
and sexy underwear she senses our resentment
   but she's unmoved
      doesn't give a fuck
'cus she has me
my shoulder to cry on
her unconditional girlfriend

esta vez será en el circo

para Vicente Huidobro

siempre quiero más

                ser tu cuerda

equilibrista borracho

                suicida nocturna

posaremos para fotos

sin temblar
        erguidos
                como si nunca te hubieras caído

this time at the circus

for Vicente Huidobro

I always want more

                       to be your support

drunken tightrope walker

                       evening suicide

we'll pose for photos

without trembling
            upright
                   as if you'd never fallen

Envidia

Espera que te toque
con su varita
espera su besito
          hoy por hoy más valen lentejas digeridas
que caviar en diente ajeno

Envy

Wait for him to touch you
with his little wand
wait for his smooch
      these days it's better to eat old lentils
than beg for caviar

de solo pensarlo me pongo romántica

Fernando anda en un camión con olor a bosta
pero a él no le importa porque tiene cosas más importantes
                                                    [en mente

piensa que te piensa
en tocarme la mano
            la rodilla
                        un dedo del pie
piensa y canta
            manejo el camión sin apuros
porque a nuestras vacas les molestan los cambios bruscos
para no decir nada de este perfume francés
que de un momento a otro las hará saltar
            enloquecidas frenéticas por encima mío
            por encima de Juan
hacia la llanura   el cielo   la espléndida tarde

just thinking about it gets me in the mood

Fernando's on a truck that smells like manure
but he doesn't care he's got more important things on
                                                    [his mind

he keeps on thinking
about touching my hand
        my knee
                a toe
thinking and singing
        I drive the truck without a rush
because our cows get flustered by sudden shifts
not to mention this French perfume
that from one minute to the next will make them jump
        frantically charge over me
        over Juan
towards the prairie   the sky   this splendid afternoon

Malentendido amoroso

El hombre tenía veleidades de actor. Insinuante, traje a rayas y corbata colorada, mentía acerca de sus sentimientos más íntimos. Pero como ella no se había dado cuenta de que había que aplaudir, una tarde asoleada le exigió el divorcio, la mitad de sus hijos, toda la casa y ciertos recuerdos de viajes oscuramente conmemorativos. Los vimos discutir acaloradamente. Y cuando ella sacó el revólver apenas nos sorprendimos.

Romantic misunderstanding

He fancied himself an actor. Provocative, pinstriped
suit and neon tie, he lied about his deepest
feelings. But since she hadn't realized she'd have to
applaud, one sunny afternoon she demanded a divorce,
half their kids, all their house and certain souvenirs
from obscurely memorable trips. We watched their
heated arguments. And when she took out a gun, we were
hardly surprised.

Ladronas

Entran de noche
        me arañan las encías
sé que tienen hambre
son muchachas de gestos rebuscados
leen mi diario íntimo
conocen todas mis esperanzas

DE UN DÍA PARA OTRO ACABARÁN CON TODO
de un día para otro devorarán mis caramelos
se llevarán esta campanita
        me pondrán en remojo y cuando pases a buscarme
te llevarán bailando en sus brazos

Thieves

They come by night
        claw at my gums
I know they're starving
these phony girls
they read my secret diary
know all my hopes and dreams

FROM ONE DAY TO THE NEXT THEY'LL RUIN EVERYTHING
from one day to the next they'll devour all my candy
they'll take this little bell
leave me to soak and when you stop by to pick me up
they'll take you in their arms and waltz away

hasta que la muerte nos separe

vivo enmarañada en esta porquería
no hace falta que me visiten las reinas de la noche ni
      que me escribas una carta porque ya estoy del
                              [otro lado
amor mío: te espío por las rendijas   segura de que llegarás
TARDE O TEMPRANO LLEGARÁS
al espanto   mis fiestas
      uñas recién cortadas   pantalones flamantes

till death do us part

I'm tangled up in this shit
no need for queens of the night to visit me nor
        for you to write me letters   I'm already on the
other side
  my love: I'm spying on you through the cracks   certain
                                                [you'll come

SOONER OR LATER YOU'LL COME
to terror   to my parties
            nails freshly clipped   sexy new pants

por amistad cualquier cosa

Es esa mujer otra vez con un delantal arrugado que avanza
hacia mí desde el fondo de un   zaguán en el centro exacto
de mi ciudad. Lleva una cosa blanda en la mano y me
miraría si no la distrajera alguien que detrás suyo,
ocultándose, cuchichea   instrucciones. De ahí saca la
palabra exacta, el sonido que me dejará, plantada, inmóvil,
acribillada.
¿Por qué no puedo contestarle, cantar, hacer una morisqueta?
            insisto
quiero que vengas conmigo no me dejes sola relamiéndose
me comerá

        ya soy su prisionera   ya me preparo para halagarla
        lavar el piso hasta que quede reluciente y refleje nuestras
                                              [caritas
                postal navideña   mañana como ayer

anything for a friend

It's that woman again with the wrinkled apron that's coming
towards me from the end of a   hallway in the exact center
of my city. She's carrying something soft in her hand she'd
look up at me if someone wasn't distracting her from behind,
hiding, mumbling   instructions. There she'll find
the exact word, the sound that will leave me, grounded,
immobile,
shot down.
Why can't I answer, sing, pull a face?
     I insist
come with me don't leave me alone while she licks her plate
clean she'll eat me

       I'm already her prisoner   I'm ready to flatter her
       wax the floor till it shines   reflects our pretty faces
            Christmas card   tomorrow just like
                   [yesterday

qué sufrimiento   qué pena más honda

claro que sufro por tu amor le decía entre sedas
claro que quiero gustarte
                  y se ponía más y más maquillaje
en los pies y en las axilas
comía afrodisíacos   devoraba uppers y downers

se brindó a él de cuerpo y billetera
se brindó sin candores ni falsas ingenuidades

todo eso para qué
para una tarde en que se bajó los pantalones
y en un exceso de realidad la dejó embarazada
sin dejar un número de teléfono   un email
                         [una dirección era

mucho pedir
pero la carta de recomendación para el empresario que tenía
                         [que arreglarle la
vida eso
no se perdona   eso no se olvida y les digo amigos   es una
                         [mujer marcada
                ATENCIÓN
es una mujer que anda con el diablo adentro y cualquier
                         [día te agarra
                se venga
pasa la cuenta

qué sufrimiento   qué pena más honda

of course I suffer for love she'd tell him all draped in silk
of course I want you to want me
                              and she'd apply her makeup
over and over
on her feet on her underarms
pop aphrodisiacs   swallow uppers and downers

she gave herself to him body and wallet
she gave herself to him without a second thought nor
false modesty

all that for what
so that one afternoon he'd pull down his pants
and in a thrust of reality knock her up
without leaving a phone number   an email   an address
                              [maybe that's too
much to ask
but the letter of recommendation to the businessman
who was meant to fix her life that
she won't forgive herself   that she won't forget and I'm
            [telling you friends she's a tainted woman
                    BEWARE
the devil lives inside that woman and one of these days
                              [she'll grab you
                  come
slip you the bill

descubramos los atributos
de filomena

sé que tiene alma   porque antes de pegarme cierra los ojos
y del cuerpo ni te digo   del cuerpo ni te digo
aunque a mí más que nada me gusta su ropa
este cinturón   el sombrero verde
la hebilla que me robó
      quién tuviera su elegancia
      quién su valentía

let's talk about filomena's attributes

I know she has a soul because before beating me she
                                    [closes her eyes
and her body oh her body   I can't even tell you
but most of all   I like her clothes
this belt   that green hat
the belt buckle she stole from me
        wouldn't it be grand to steal her elegance
        her courage

filomena dale que dale con la poesía

siempre se baña por la tarde
para que la espíen los vecinos de enfrente
tiene un lunar que le pica en el brazo
a los cinco años pensó por primera vez en suicidarse
a los siete en un hombre que encontró veinte años
                              [después en una plaza
y ahora a los cuarenta
          te escribe
                    carta   tras carta
¿cómo no le da vergüenza?
que se calle la boca   basta ya
(a mí   personalmente me gustaba más de chica
tan romántica con su aire de muerta joven
tan trágica   tan amante de la poesía)

filomena going hard at poetry

she always showers in the afternoon
so her next door neighbors can spy on her
she has a mole that's making her arm itch
at age five she thought about committing suicide for the
                                        [first time
at age seven about a man she found twenty years later in
                                        [a park
and now at forty
        she's writing you
                letter   after letter
has she no shame?
she should shut her mouth   enough's enough
(personally   I liked her better as a little girl
so romantic with her air of dead youth
so tragic   such a poetry lover)

¡OPORTUNIDAD! invitación a todos los libres de culpa

filomena es linda
no la ves pero te tiene que gustar
filomena es buena
filomena es mejor que todos ustedes
no la merecemos
pero igual la invité a tu cumpleaños
para que debas cepillarte los dientes
aderezar mejor la ensalada
ocultar a tu amante en un lugar incómodo e inseguro

la invité
y vendrá
        condescendiente
           arrogante
limpia   reluciente   sonrisa a flor de labios
hasta que dejemos de bailar y alguien tire la primera piedra

LAST CHANCE! invitation to all those free of guilt

filomena is cute
you can't see her but you're bound to like her
filomena is good
filomena is better than all of you
we don't deserve her
but anyway I invited her to your birthday party
so you have to brush your teeth
dress the salad
hide your lover somewhere awkward and risky

I invited her
and she'll come
                    condescending
                              arrogant
squeaky clean   smile   on the tip of her tongue
until the dancing stops and someone throws the first stone

a filomena siempre le falta algo

todas las filomenas son madres excelentes
pero nadie se da cuenta
porque   a quién   le importa la felicidad ajena
a quién   si   hasta sus hijos se olvidan de ella
ni bien empiezan a caminar
abrir la puerta
salir a la ciudad donde los espero
           para llevármelos a un rincón
enseñarles el desasosiego
la fiesta
           la saciedad y desmesura
de estos celos

filomena's always missing something

all filomenas are excellent mothers
but no one notices
because   who cares   about another's happiness
who cares   even her kids forget her
as soon as they start to walk
          open the door
go out on the town where I wait for them
take them to a corner
teach them about uneasiness
partying
          this filling
over-the-top jealousy

de vez en cuando

filomena no sale
a ella sólo le interesa entrar
y para eso
qué figura
        qué porte
cuánto más sabríamos si se quedara

every once in a while

filomena doesn't go out
she's only interested in entering
and for that
what a figure
            what poise
we'd know so much more if only she'd stay

para ella cada hombre es único

conocer a filomena es fácil
no tiene pasado
el chiste es tomártelo con calma
está inventando tu futuro

for her each man is the one

getting to know filomena is easy
she has no past
the trick is to remain calm
she's plotting your future

aviváte

no seas tonto
hacerla esperar en nada cambiará las carreras
tu devoción al lamerle el pie izquierdo
la deuda creciente de tus placeres

listen up!

don't be dumb
showing up late won't change anything
your devotion as you lick her left foot
your growing pleasure debt

pensamos igual

la diferencia es que no te quiere
                                          como yo
no extraña tu risa ni anticipa tu apetito
no le preocupa que estés desabrigado en invierno
adora su vida de estatua
sus poses   el balcón   los admiradores

tendrías que verla
lástima que no vuelve hasta que te vas.

we think alike

the difference is she doesn't love you
                                    like I do
doesn't miss your laugh or anticipate your appetite
doesn't worry that you're coatless in winter
she loves her life as a statue
her poses   the balcony   her admirers

you've gotta see her
shame she won't return till you leave.

melenita de oro

ay filomena en la ciudad
qué caderas
y el pelo
y ese olor a mina que te busca

ojalá nos encuentre a los dos
al mismo tiempo
azorados
y nos enseñe a bailar

goldilocks

oh filomena in the city
those hips
that hair
that scent of a woman asking for it

hopefully she'll find us both
at the same time
stunned
and teach us to dance

cuántas cosas aprendimos juntas

all the things we learned together

alegrías del torturador

junta números de teléfono
nos ordena por orden de desaparición
de repente sonríe porque su mujer está embarazada

joys of a torturer

collects telephone numbers
files us in the order we went missing
all of a sudden he smiles because his wife's pregnant

mi mejor amiga es antisemita

nos tiene asco pero le gustan nuestras cosas
a solas codicia el oro la cebolla del guiso los sillones
tapizados el acné de mi hermano el auto que cree que nos
compraremos   diplomas y falta de diplomas   codicia y
desprecia   envidia y quiere recuperar todo lo que le falta
acusa nos dice usurpadores pule su acento y las joyas de su
abuelita   ya lo sabemos   pero igual decimos hola cómo le
va qué tal la familia   no no faltaba más pase que no me
importa esperar un poco   total en la cola uno se divierte
habla con los amigos   pase pase pase sírvase   compartamos
el pan   el veneno   la vida   el aire de todos los días

my best friend's an anti-semite

we gross her out but she likes our stuff
when she's alone she covets the gold the onion in the
                              [stew the upholstered
couches my brother's acne the car she thinks we'll
buy   diplomas and lack thereof   covets and
despises   envies and wants to take back everything she's
                                             missing
accuses calls us usurpers polishes her accent and the
                                   [jewels her
grandma left her   we know   but regardless we say
                              [hi how're you
doing how's the family   no no of course not go ahead
                                   [I don't
mind waiting a bit   after all one can have fun in line
chatting away
with friends   g'head g'head g'head serve yourself   let's
                                        [share
the bread   the poison   our daily breath

hay de todo

si está enjaulada
no es a propósito
le gusta tenerla a mano
para darle un besito
una palmada
                ajustarle la cadena
tan brillosa
        tan sexy
tan de ella cuando se estira
          y chilla
                    pantera desesperada
pajarito en exposición

we've got everything here

she's locked up
but not on purpose
he enjoys keeping her at arm's length
give her a little kiss
a spank
               adjusts the chain
so shiny
     so sexy
so clearly her own when she stretches
           squeals
               desperate panther
birdie on display

no hay mal que por bien no venga

entraron a la casa
se llevaron un teléfono inalámbrico
pantalones   camisas cuadernos llaves tenedores cuatro
cuchillos de plata retratos de familia un reloj de contrabando
interrogaron   escupieron les dieron una paliza a cada uno
menos al más joven porque a él le prometieron un viaje en
auto y seguro que todavía estarán dando vueltas después de
tantos años después de las consignas los abogados las
búsquedas estarán dando vueltas en ese auto negro flamante
pensar en las malas películas que no vio   cómo se salvó del
desempleo y la estupidez de los chistes en esta ciudad
desierta

every cloud has its silver lining

they broke into the house
took the cordless phone
pants   shirts notebooks keys forks four
silver knives family portraits a smuggled watch
interrogated   spat   beat them all up
except the youngest because they promised him a road
trip and they're probably still on the road after all
these years after the lawyer's orders the search parties
they're still on the road in that brand-new black car
just think of all the bad movies he missed   how he avoided
unemployment and all the stupid jokes in this deserted
city

hacéme caso, no te vendas

no es un contrato que te convenga
te llevará a las tinieblas
cuando enciendas la luz
te faltará todo
            mi sonrisa
las ganas de irte
el día siguiente

trust me, don't sell out

the contract is not in your best interest
it'll drown you in darkness
when you turn on the light
you'll miss everything
       my smile
your urge to leave
the next day

paranoica

agazapada
       harapienta
es la reina de sus propios sueños
son incalculables los peligros que la rodean

aquí nosotros en la claridad
nos felicitamos
            ensayamos el show de mañana
y como quien no quiere la cosa
afilo el cuchillo que me regalaste

paranoid

crouching
      battered
she's the queen of her own dreams
the dangers that surround her are innumerable

here in the light
we congratulate ourselves
                rehearse tomorrow's show
and with feigned reluctance
sharpen the knife you gave me

**querida   vení conmigo
no te va a faltar nada**

supe que era mujer inmediatamente
pero le sigo la corriente porque me divierte la barba de
utilería

su mirada taciturna
          su deseo de prudencias espera ahorros
conocernos mejor comprar un departamento adecuado
                              [para nuestros hijos

¿qué querés que te diga?
en las noches de tormenta me sirve té caliente
y me pone una gorra con visera para evitar la insolación

just follow me darling
you'll have everything you ever wanted

I realized he was a woman right away
but I go along with her because fake beards make me
laugh

gloomy stare
        cautious   thrifty
she'll say let's get to know each other   buy an apartment
                                        [raise a family

what can I say?
stormy nights she brews me hot tea
sunny days makes me a wear a hat to avoid heatstroke

mensaje urgente

Esta nena tiene puesto un vestido de fiesta. Espera que le
                              [des un regalo y te mira a los
ojos desafiándote. Quiere enseñarte algunas cosas
1.   sabe más que vos
2.   le dan asco tus ganas de que te quiera
3.   no le importa que le guiñes un ojo cuando te
espía
es ante todo la nena perfecta
enemiga de viejos masturbadores
enrulada   bruja   tentadora
podría denunciarte y lo hará.

urgent message

The girl's dressed for a party. She expects you to give her
[a gift, glares at you
defiantly. She wants to teach you a few things
1.   she's smarter than you
2.   she's sickened by your need to be loved
3.   she doesn't care if you wink when she spies on
you
above all she's the perfect girl
enemy of old masturbators
curly   witch   temptress
she could report you and she will.

si te contara lo que nos espera

viviremos en una ciudad de niños dictatoriales con planes
                              [que nos incluyen
saben cómo usar nuestros desatinos
          ponerlos en un programa para la computadora
volvernos útiles sin interpretarnos
acariciarnos sin siquiera advertir nuestra temperatura
espléndidos en su juventud apenas nos hablarán

¿qué pueden importarles las canciones pasadas de moda
los celos con que nos disputamos medallas y sacrificios?

if you only knew what's coming

we'll live in a city ruled by tyrannical kids with plans
                              [that include us
they know how to use our blunders
        feed them into computers
make us useful without interpretation
caress us without even noticing our temperature
beautiful and young they'll barely speak to us

what do they care about old songs
our rivalries about awards and sacrifices?

tan compenetrados

baila con mi amigo en un salón lleno de adolescentes
tiene pasos de cantante de los cuarenta

a mí me parece que a él le crece la barba
cuando la lleva de la cintura
ella no se mueve para no despertarlo del hechizo

cuando hagan el amor   sus tetas se volverán firmes
                                         [insolentes
él saldrá con un aire de actor preocupado por su prestancia
y yo me encogeré de hombros hasta que reciba tu carta.

so in tune

she's dancing with my friend in a hall full of teens
he's got the moves of a 40s crooner

it seems to me his beard grows
whenever he grabs her by the waist
she doesn't move so the spell won't break

when they make love   her tits will firm up
                                        [rudely
he'll emerge with the air of an actor preoccupied with
                                        [his poise
and I'll shrug my shoulders until your letter arrives.

¿es o se hace?

usa la cabeza para llevar el pelo
ni una sola idea atraviesa su felicidad
cuando estamos solas se ríe de mí
porque quiero hablarle sonsacarle alguna receta
retarla a duelo

is she or isn't she?

she uses her head to carry her hair
not a single thought interrupts her happiness
when we're alone she laughs at me
because I want to talk to her worm a recipe out of her
challenge her to a duel

generosidad

amigas mías:
Juana no tiene arreglo
déjenla sola
que se vaya a un rincón
que se quede con las fotos y la música y la sonrisa de sus
                                                    [cómplices

déjenla está loca
te lo digo en secreto   no lo propagues
no se lo cuentes ni a tu tía

quiero ver cómo se come las uñas
hacerle un regalo incomprensible cuando menos lo espere

generosity

dear friends:
Juana can't be fixed
leave her alone
let her stand in a corner
leave her to the souvenirs and music and smiles
                                        [from her accomplices

leave her she's nuts
I'm telling you a secret   don't spill it
don't even tell your aunt

I want to see how she bites her nails
give her an incomprehensible gift when she least expects it

fotogénico

esta tarde estoy dicharachera
se me caen las palabras de la boca cuando te pienso
tengo escalofríos y de pronto quiero pedirle a tu sobrina
por favor
sacános una foto
que se me vea el peinado
                    que se nos note la billetera
pero esperá un segundo hacemos falta los dos
            no me hables de tus citas   esos compromisos
                                [la llamada que
insistente te hace salir apurado cambiarte los calzoncillos
buscar una camisa planchada

photogenic

this afternoon I'm all talk
words fall from my mouth when I think of you
I get chills and suddenly I want to ask your niece
please
take a picture of us
make sure my hair looks good
                       that our wallets are visible
but hang on a second the two of us are missing
                       don't tell me about your dates   those
                    [commitments the insistent call that
makes you rush out to change your boxers find an
ironed shirt

de noche y de día

la mascota del circo anda en cuatro patas
mueve el rabo y dice tu nombre al revés
para que yo crea que habla en clave

pero no te hagas ilusiones
entiendo tu idioma
y hoy mismo me escucharás
        estridente única en el centro mismo de la
                          [pesadilla

night and day

the circus mascot walks on all fours
shakes his tail and says your name backwards
so I'll believe he's speaking in code

but don't fool yourself
I know your language
and today you'll hear me
        strident alone at the very center of your worst
                                       [nightmare

me engañaste

a algunas mujeres los hombres les compran ropa y
también joyas y regalos y zapatos de taco alto yo no les
tengo envidia compañeritas   yo no les tengo ganas   a
[esos
machotes de mierda pero de todas maneras hago como
ustedes   anoto sus estados de ánimo   los sigo y pago por
cada prenda con una tarjeta de crédito sin fondos

you cheated on me

men buy some women clothes and also jewels and gifts and
high heels I don't envy you girls I don't want those
motherfucking machos but either way I follow in your
footsteps   note their moods chase them and pay for
each garment with a maxed-out credit card

a primera vista

viene de las cejas
esa mirada con   profundidad de ajo
tiene la voluptuosidad de un guiso humeante
de sólo verte se me abre el apetito me sudan las manos
y con hilitos de saliva me preparo
seremos felices
          tendremos hijitos gorditos
y vacaciones pagas

at first sight

it comes from the brows
that stare with   the depth of garlic
that has the voluptuousness of a smoky stew
just one glance at you whets my appetite my hands sweat
and as my mouth waters I prepare myself
we'll be happy
            have chubby little kids
and paid vacations

¿te conozco de algún lado?

esa mujer se me acerca con las palabras de la claridad
          qué tal estuvo todo hoy   el jefe   los clientes
nuestra intimidad es honesta
yo la incito al cuchicheo   las escondidas
          su infancia mi casa su cuerpo

tendrías que ver esos ojos que te traspasan aún antes
de conocerla

anda por el mundo hecha de mi propia pausa
quiero prescindir de ella
                    espejo impar
pero qué hacer con ese olor que viene de ningún lado   ese
cosquilleo que me hace cambiar las sábanas   confundirme
marcar un número equivocado   hablar largamente sobre
sus costumbres sus ambiciones   y   desdenes
ella
es siempre sobre ella con ustedes impacientes amiguitos
                                                      [míos

do I know you from somewhere?

that woman approaches me with transparency
                how was your day   the boss   the clients
our intimacy is so honest
I want her to gossip   play hide and seek
                show me her childhood my house her body

**you should see how her eyes see through you even
before you get to know her**

she walks around the world at my very own pace
I want to manage without her
                                uneven reflection
but what to do about that smell that comes from nowhere
                                                [that
tickle that forces me to change the sheets   confuses me
pushes me to dial the wrong number   go on and on
about her
habits her ambitions   and   disdains
it's always all about her with you guys my impatient little
friends

llegó el momento de las definiciones

acorralada por sus propios deseos
es una pantera sobada
desvergonzada
experta en todos tus secretos

the moment we've all been waiting for

trapped by her own desires
she's a panther in heat
shameless
expert in all your secrets

La mujer de mi marido / My Husband's Woman,
de Alicia Borinsky, se terminó de imprimir
en septiembre de 2016 en los talleres
de Editorial Color S.A. de C.V., Naranjo 96-Bis, México D.F.,
Colonia Santa María la Rivera.